AF274684

# PROPUESTAS
# PARA APRENDER
# EN CASA Y EN EL COLEGIO

## EL INGLÉS DE LAS ESTACIONES

### María Sancho

Saralejandría
ediciones

Del texto:
María Sancho

Perfil profesional:
@teacherr.ma

Diseño de edición:
Elena Torres Andrés

De la presente edición:
Grupo Sar Alejandría S.L

Edita:
Saralejandría Ediciones

ISBN: 978-84-10105-56-0
Depósito Legal: CS 742-2024

A mis padres y a mi hermano, por apoyarme
en todas las decisiones que tomo.

A Daniel, por ser ese pilar fundamental
que hace que todo sea posible.

A mi alumnado, por ayudarme
a crecer día a día.

# ÍNDICE

# LA IMPORTANCIA DE APRENDER INGLÉS

Todos sabemos que hoy en día aprender idiomas en general, e inglés en particular, es algo cada vez más importante y necesario en nuestra sociedad, pero ¿por qué? ¿Cuáles son las razones que nos llevan a plantearnos aprender otra lengua y fomentarlo en el colegio?

Aprender un nuevo idioma no consiste simplemente en conocer cómo se dicen las palabras o cómo pedir información específica en esa lengua, sino que también implica conocer diversos aspectos culturales, mostrando una buena disposición hacia sus hablantes y su cultura, desarrollando así actitudes de tolerancia y respeto hacia ellos.

A continuación, se explican algunas de las principales razones por las que el aprendizaje del inglés se considera tan importante y necesario.

En primer lugar, el inglés se ha convertido en un requisito esencial para poder optar a la mayor parte de los trabajos actuales. Ha pasado de ser, por tanto, un lujo y algo con lo que conseguir destacar, a ser una necesidad en una sociedad tan internacional como la nuestra. Hoy en día se exigen trabajadores capaces de interactuar y comunicarse entre sí, y esto es mucho más sencillo y posible gracias al inglés. Además, para aquellas personas que ya cuentan con un trabajo, el conocer otro idioma les posibilita mejorar sus condiciones laborales, teniendo así más oportunidades en este ámbito.

Siguiendo en la misma línea, gracias al inglés podemos acceder a una mejor educación, siendo capaces de comprender información actual de textos científicos, tecnológicos o académicos, los cuales están, en su mayoría, escritos en esta lengua. De esta forma podemos adentrarnos en investigaciones u otros documentos de distintos países sin necesidad de tener que traducirlo, lo cual hace que se pierda parte del contenido. En este sentido, también podemos tener acceso a libros o películas en su versión original, entendiendo distintas formas de hablar en función de la situación y aprendiendo frases hechas que en muchas ocasiones tienen que ver con la cultura del país de origen.

En relación con la importancia de las frases hechas y la pérdida de información al traducirlo podemos encontrar, por ejemplo, la frase hecha *it's not rocket science,* utilizada para cuando pensamos que algo no es tan difícil o complicado de hacer o entender. Esta expresión puede traducirse en español como algo similar a "no hay que ser un genio para entenderlo" o "no es tan difícil", perdiendo de esta forma parte de su significado ya que se deja de utilizar una expresión coloquial normalmente usada en la cultura de origen.

Sin embargo, esto no solo nos sucede con frases hechas y expresiones, sino también con palabras aisladas. El inglés diferencia entre dedo del pie (*toe*) y dedo de la mano (*finger*), mientras que el español no. Por tanto, si leemos un texto traducido del inglés al español, o vemos una serie o película cuya versión original sea en inglés y esté doblada al español, se deberá especificar a qué dedo se refiere cuando haga mención a ello; de lo contrario deberemos deducirlo por el contexto o suponer una de las dos opciones.

Por otro lado, aprender una nueva lengua promueve la tolerancia y el respeto hacia la identidad cultural, los derechos y los valores de los demás. Conocer nuevas culturas y, por ende, nuevas lenguas, nos permite ampliar nuestra mente, brindándonos una visión más amplia del mundo que nos rodea. Esto nos convierte en seres más tolerantes y comprensibles, siendo capaces de ponernos en la piel de personas que viven una realidad totalmente diferente a la nuestra, tratando así de entender y aceptar su forma de pensar, mostrando una actitud abierta hacia otra lengua, sus hablantes y su cultura. Al aprender a comunicarnos en un segundo idioma nos exponemos a diferentes formas de pensar y ver el mundo, haciendo que seamos conscientes de que nuestra perspectiva no es, en ocasiones, ni la única, ni la más adecuada, apreciando así las diferencias culturales existentes.

Conocer una segunda lengua no solo nos ayuda a comunicarnos, sino que nos prepara para ser capaces de afrontar un entorno que se encuentra en constante cambio, superando así las inseguridades que nos pueden surgir y construyendo nuestra confianza al enfrentarnos a las demandas sociales que se nos presentan en un país con una cultura diferente. En muchas ocasiones tenemos miedo de enfrentarnos a otra cultura, bien porque no nos sentimos seguros al hablar en ese idioma o porque pensamos que no vamos a ser capaces de desenvolvernos y hacernos entender adecuadamente. Esto podría solucionarse si ponemos más atención en el aprendizaje temprano de una segunda lengua, haciendo que los niños lo vean como algo normal, que les ayuda a comunicarse con otras personas que no son capaces de hacerlo en su lengua materna, mostrando así las mismas actitudes de tolerancia, respeto, empatía y seguridad en sí mismos que hacia los hablantes de su lengua.

Una gran parte de las lenguas se encuentran interrelacionadas, compartiendo elementos comunes. Esto hace que, al aprender una segunda lengua, se incorporen nuevos códigos, conceptos, estrategias, habilidades y actitudes lingüísticas a nuestra lengua materna, mejorando así la competencia comunicativa. También se mejorará el rendimiento académico, ya que los niños se encuentran más preparados para aprender un idioma, a diferencia de los adultos, cuyo cerebro presenta una capacidad natural que va disminuyendo con el paso de los años. Además, desarrollan habilidades cognitivas y sociales, lo cual ayuda a los niños a superar su egocentrismo natural, haciéndoles darse cuenta de que existen diferentes formas de pensar y de vivir, convirtiendo así el aprendizaje de un idioma en una experiencia divertida, aprendiendo mediante proyectos y tareas que involucran todas sus competencias.

Finalmente, con relación al sistema educativo español, el aprendizaje de una lengua extranjera es algo esencial durante la educación primaria dado que se encuentra establecido en uno de los objetivos principales que todos los niños deben adquirir durante este periodo.

Así, es necesario que adquieran en, al menos una lengua extranjera, la competencia básica que les permita expresar y comprender mensajes sencillos y desenvolverse en situaciones cotidianas.

Todos estos beneficios y ventajas solo será posible desarrollarlos si llevamos a cabo un enfoque adecuado. En este sentido, en el siguiente apartado veremos las distintas teorías del aprendizaje, haciendo un pequeño recorrido desde aquellas en las que se enseñaba el inglés únicamente para la comprensión de textos literarios, hasta las más actuales en las que se busca el desarrollo de las competencias que nos permiten comunicarnos de forma adecuada.

# TEORÍAS DEL APRENDIZAJE

El aprendizaje de las lenguas extranjeras no siempre se ha desarrollado de la forma en la que lo conocemos hoy en día, sino que se ha ido revisando constantemente a lo largo de la historia. En este sentido, no fue hasta el siglo XX cuando se empezó a tener más en consideración, gracias a los avances en la psicología y la lingüística. Pero no nos adelantemos, vamos a comenzar por el principio.

Antes de explicar los distintos métodos que se han utilizado durante estos años hasta llegar a la actualidad, es conveniente aclarar tres términos que pueden causar confusión tanto entre los profesionales de la educación como en cualquier persona interesada en ella; de los cuales no se estableció su distinción de forma completa hasta los años 60. Estos son: enfoque, método y técnica. Comenzaremos de lo más general a lo más específico, proporcionando ejemplos para comprenderlo mejor.

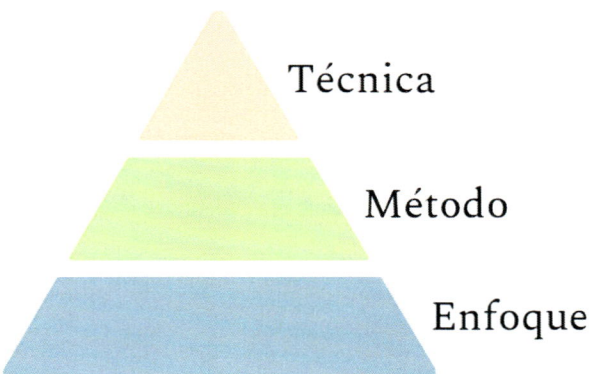

# ENFOQUES

En primer lugar, un enfoque se define como una manera de ver las ideas y tratar los problemas relativos a ellas de la forma más adecuada, siguiendo la misma forma de pensar. Constituye el concepto más general de los tres que vamos a explicar, siendo el marco conceptual y metodológico que establece una manera específica y particular de entender la educación. Además, un enfoque contiene los diferentes métodos de enseñanza y aprendizaje en los que se fundamenta y desarrolla.

Dentro de los enfoques podemos encontrar el enfoque conductista, el enfoque cognitivo y el enfoque comunicativo, entre otros.

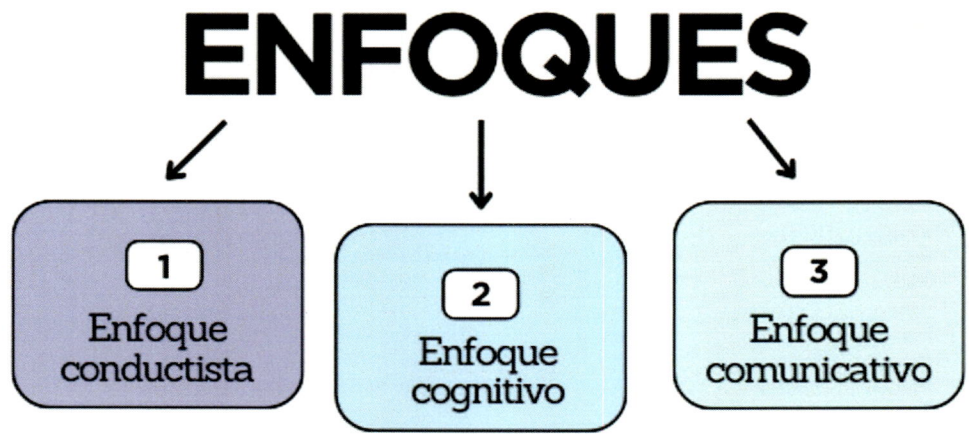

El primero de estos enfoques es el ENFOQUE CONDUCTISTA, que se basa principalmente en un proceso de imitación y refuerzo. Se centra en analizar los comportamientos humanos en base a ciertos estímulos, formando hábitos y estudiando así las distintas respuestas de estos y sus consecuencias en las conductas humanas.

En el ámbito educativo, y más específicamente en la enseñanza de lenguas extranjeras, este enfoque implica que el aprendizaje se produce cuando un estímulo provoca una respuesta en el individuo. En este sentido, cuando decimos algo correcto gramaticalmente, esa respuesta será reforzada; mientras que si decimos algo erróneo, se corregirá para que no se repita. De esta forma, poco a poco, vamos construyendo nuestro repertorio lingüístico. Sin embargo, con este enfoque no estamos inmersos en la cultura del país, por lo que en algunas ocasiones no somos capaces de reaccionar ante un determinado estímulo que no se nos ha presentado previamente. Además, es un enfoque repetitivo y mecánico, que consiste únicamente en repetir estructuras y corregir los errores.

Con respecto al ENFOQUE COGNITIVO, este supuso un cambio en la forma de pensar que se había tenido hasta entonces. Se dejó de poner el foco en la repetición mecánica, para centrarse más en lo que se quería decir, sin importar tanto los errores producidos. Este enfoque es, por tanto, contrario al anterior.

Según el cognitivismo, la adquisición del lenguaje no es una forma de comportamiento, sino que está relacionada con el desarrollo intelectual de las personas. Así, se basa en la idea de que no somos meros transmisores de información, sino que somos seres activos que construimos nuestro conocimiento gracias a la interacción con el entorno.

En este sentido, aspectos como los ejemplos prácticos y las demostraciones se consideran esenciales para generar y guiar el aprendizaje. Además, se pone énfasis en que los aprendices participen activamente en el proceso de enseñanza y aprendizaje; así como en la creación de ambientes favorables que permitan conectar los aprendizajes previos con los nuevos, para una mejor adquisición.

A partir de los años 90, se empieza a prestar atención al <u>ENFOQUE COMUNICATIVO</u>, entendiendo la lengua y el habla como dos aspectos que ocurren en un contexto social o comunicativo. Se considera que el conocimiento que tenemos en una lengua debe ser usado en funciones comunicativas; es decir, de nada sirve saber perfectamente la gramática o el vocabulario de una lengua si no somos capaces de expresarnos correctamente en la misma.

Para alcanzar el fin mencionado anteriormente, debemos trabajar con tareas reales en las que la lengua sea un medio para conseguir algo, y no un fin en sí misma. Algunos ejemplos de esto pueden ser los juegos teatrales o de rol, o los proyectos sobre un tema en concreto.

Una vez que hemos visto y explicado la idea de enfoque, vamos a adentrarnos en los métodos.

**1** Método de gramática y traducción

**2** Método directo

**3** Método oral

**MÉTODOS**
*de enseñanza*

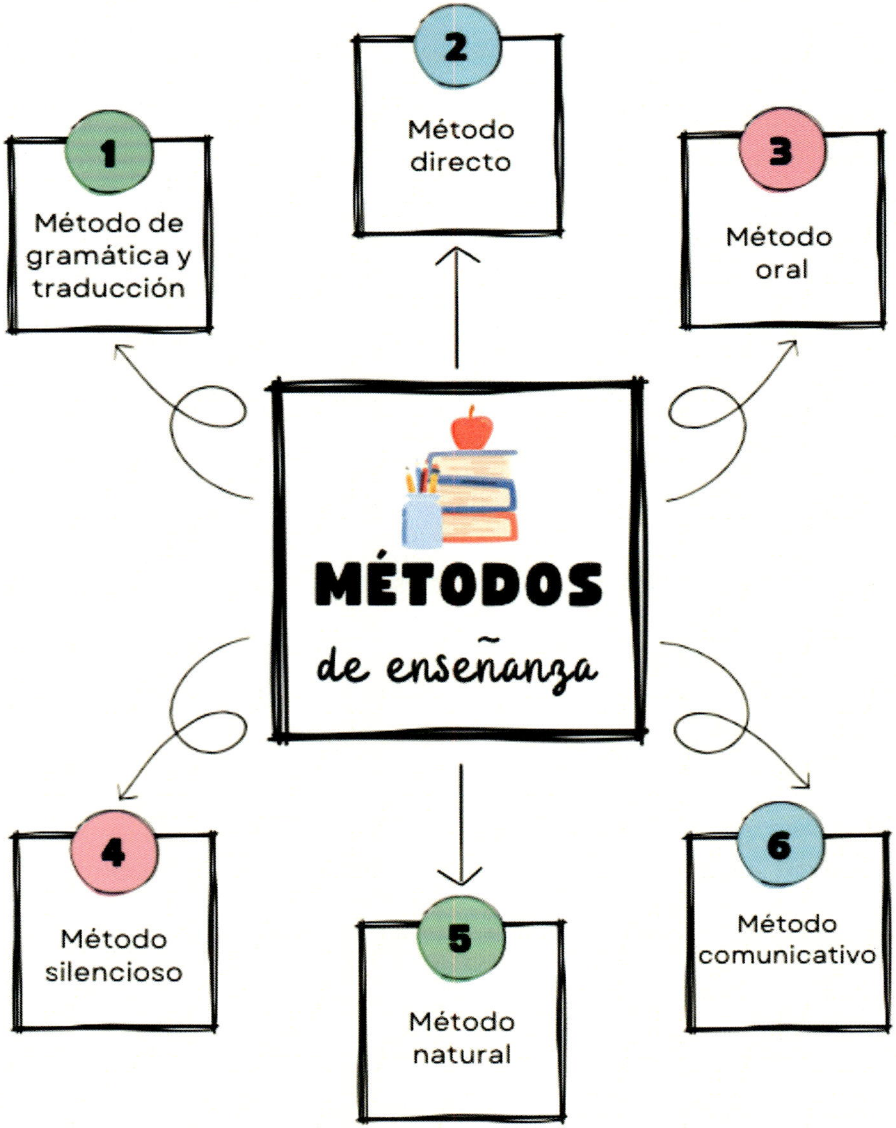

**4** Método silencioso

**5** Método natural

**6** Método comunicativo

El método especifica las formas de trabajar de un enfoque; constituye, por tanto, el tema central o idea principal. Un método puede definirse, según el Diccionario Actual de la Lengua Española, como un modo ordenado y sistemático de proceder para llegar a un determinado fin o resultado.

Durante la historia se han tenido en cuenta diversos métodos para conseguir el mejor aprendizaje de las lenguas extranjeras. A continuación, veremos algunos de ellos.

El MÉTODO DE GRAMÁTICA Y TRADUCCIÓN surgió alrededor de 1840, y deriva del enfoque tradicional de enseñanza de lenguas clásicas como latín o griego. Este método consistía principalmente en aprender las reglas y conjugaciones del idioma de memoria, siendo un método general para la enseñanza de cualquier lengua extranjera y no específica del inglés.

Su principal objetivo era, por tanto, permitir que los estudiantes de dicha lengua fuesen capaces de leer y comprender la literatura en el idioma, aprendiendo así el vocabulario y la gramática de una forma mecánica para este fin, a través de diccionarios y utilizando la memorización. Además, todo se enseñaba utilizando la lengua materna, por lo que la lengua extranjera no tenía cabida a la hora de comunicar o enseñar.

A finales del siglo XIX se llegó a la conclusión de que este método no satisfacía las necesidades de una comunicación real, y se empezaron a poner en práctica otras opciones con el fin de desarrollar las habilidades orales.

El segundo método que vamos a ver es el MÉTODO DIRECTO. Este método fue una respuesta a la insatisfacción y el descontento que había en gran parte de los países europeos hacia el método de gramática y traducción, que solamente consideraba importante el desarrollo de las habilidades escritas.

Según el método directo, una lengua extranjera se podía enseñar sin recurrir a la traducción directa, o sin el uso de la lengua materna, si el significado se podía transmitir directamente a través de la acción y la demostración. Así, este método sostiene que la mejor forma de aprender un idioma es utilizándolo de manera activa. En este sentido, uno de los objetivos principales del método directo es hacer a los estudiantes conscientes de cómo funciona una lengua, incitándoles a comunicarse y pensar en dicho idioma. Además, se busca la construcción de una relación directa entre experiencia y lengua, incorporándola en la comunicación oral.

Con el fin de poner énfasis en la comunicación oral, entre 1930 y 1960 surgió el MÉTODO ORAL, desarrollado por lingüistas británicos. Este método buscaba enseñar de forma práctica las cuatro destrezas del lenguaje, que son escuchar, leer, escribir y hablar. Se hizo un gran esfuerzo en darle importancia a las habilidades orales, desarrollándolas a partir de situaciones reales; sin embargo, se abandonaron las destrezas escritas, es decir, leer y escribir. Además, se buscaba que el alumno hablase repitiendo estructuras previamente dichas por el profesor, sin promover el desarrollo de la comunicación.

Tras este, otros métodos más modernos se fueron sucediendo, entre los que podemos encontrar el <u>MÉTODO SILENCIOSO</u>, que sostenía que los profesores debían estar tan callados como fuese posible, y que eran los propios estudiantes quienes tenían que hablar; o el <u>MÉTODO NATURAL</u>, desarrollado durante 1970 y 1980 y que se veía la comunicación como la función principal del lenguaje.

Finalmente, el método más conocido, por ser el más adecuado para la enseñanza de una lengua extranjera, es el <u>MÉTODO COMUNICATIVO</u>, desarrollado en 1970. Este método trata de conseguir la competencia comunicativa mediante el trabajo de las distintas destrezas del lenguaje de forma conjunta. Para lograr esto, se prohíbe el uso de la lengua materna, así como la traducción directa. Además, se pone énfasis en el hecho de decir algo de diferentes formas según el hablante, adquiriendo así la lengua mediante el uso.

Por último, veremos distintas técnicas.

## TÉCNICAS

Una técnica puede definirse como un conjunto de procedimientos o recursos que se utilizan en un determinado método. Así, mientras el método se apoya en distintas técnicas, cada técnica constituye una forma específica de abordar un método.

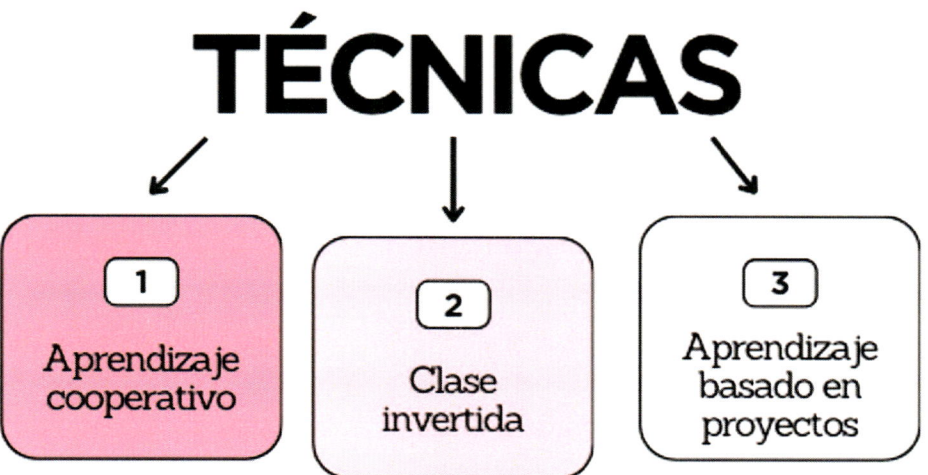

Entre las distintas técnicas de enseñanza de la lengua extranjera podemos encontrar el aprendizaje cooperativo, la clase invertida o el aprendizaje basado en proyectos, entre muchos otros.

Con respecto al <u>APRENDIZAJE COOPERATIVO</u>, se centra en la idea de que debemos aprovechar al máximo las actividades interactivas y cooperativas. Gracias al aprendizaje cooperativo, los alumnos se ayudan unos a otros, promoviendo así un mejor nivel lingüístico en la lengua de estudio.

Esta técnica se define teniendo en cuenta cinco elementos esenciales: interacción cara a cara, interdependencia positiva, responsabilidad individual, procesamiento grupal y habilidades colaborativas. Con respecto a la *interacción cara a cara*, los estudiantes deben debatir y ponerse de acuerdo en cuanto a un tema común entre ellos. La *interdependencia positiva* indica que tienen que adquirir el pensamiento de que están juntos en la tarea, teniendo la sensación de que el esfuerzo individual de cada uno contribuirá a un objetivo común de todo el equipo. Por otro lado, la *responsabilidad individual* nos enseña que cada miembro del grupo es responsable de su propia contribución al grupo; y el *procesamiento grupal* hace que los alumnos deban analizar cómo lo ha hecho cada miembro y cómo han llevado a cabo la tarea como grupo. Finalmente, las *habilidades colaborativas* son importantes en el sentido de que los alumnos deben ayudarse entre sí para conseguir un fin común.

La técnica de CLASE INVERTIDA, o pedagogía inversa, consiste en dar la vuelta a la clase tradicional, cambiando su organización. En el aprendizaje tradicional, las clases normalmente comienzan con una presentación de la teoría en el aula, y después los alumnos deben realizar las correspondientes tareas. Sin embargo, según esta técnica los alumnos reciben algunos materiales que deben leer o ver en casa y, después en clase, se trabajará con el profesor sobre aquellos aspectos previamente estudiados.

Por último, el <u>APRENDIZAJE BASADO EN PROYECTOS</u> se fundamenta en el desarrollo de distintas tareas que llevan a la consecución de proyectos finales. De esta forma, los alumnos se organizan, obtienen información y dan respuesta a diversas preguntas en base a un tema en concreto, con el fin de resolver una tarea final o proyecto. Gracias a esta técnica los alumnos consolidan los conocimientos adquiridos trabajando de forma multidisciplinar y apoyándose, en la mayoría de las ocasiones, en las nuevas tecnologías.

Tras haber aclarado estos términos y hacer un breve recorrido por los distintos enfoques, métodos y técnicas, proporcionando diversos ejemplos, en el próximo capítulo enunciaremos brevemente la importancia de trabajar a través del juego y de las situaciones reales.

# EL JUEGO
# Y LAS SITUACIONES
# REALES

 Por qué no aprendemos de la misma manera cuando nos enseñan los contenidos aislados que cuando nos los relacionan con situaciones reales que vivimos en nuestro día a día?

Antes de contestar a esta pregunta debemos explicar brevemente qué se entiende por jugar. Jugar es un término muy amplio que abarca varias situaciones; en cambio, de forma general y según la Real Academia Española (2019), jugar se define como hacer algo con alegría con el objetivo de entretenerse, divertirse o desarrollar determinadas capacidades. Podemos entender el juego, por tanto, como aquella forma en la que los niños se relacionan con el mundo exterior, lo experimentan y tratan de comprenderlo.

Los juegos son, en este sentido, esenciales en la infancia. Todos los niños necesitan jugar, y esto ayuda al desarrollo de la personalidad y de la inteligencia. Además, gracias al juego aprenden y procesan toda la información que perciben y que les rodea. Sin embargo, no todos los juegos sirven para todos los niños, y no podemos jugar de la misma forma con un niño de 3 años o con uno de 7 años, ya que todo depende de su desarrollo evolutivo.

De esta forma, debemos mencionar a Jean Piaget (1896-1980), que fue un psicólogo conocido principalmente por sus estudios sobre la infancia. Piaget distinguió distintos tipos de juegos en función de la etapa en la que se encuentran los niños y, gracias a ello, llegó a la conclusión de que estos juegos están en concordancia con el desarrollo de su inteligencia. Señaló que los niños deben jugar porque la realidad les desborda, y ellos no pueden actuar debido a la falta de información que tienen para procesarla. Por tanto, crean su propia realidad en función de los conocimientos que van adquiriendo mediante el juego. Así, vemos la gran relación que tiene el juego con el aprendizaje desde las primeras etapas de vida.

A continuación, veremos las cuatro fases en las que Piaget dividió el desarrollo cognitivo de los niños.

FASES DEL DESARROLLO
COGNITIVO DE PIAGET

**1** FASE SENSORIOMOTORA

**2** FASE PREOPERACIONAL

**3** FASE DE LAS OPERACIONES CONCRETAS

**4** FASE DE LAS OPERACIONES FORMALES

En primer lugar, tenemos la FASE SENSORIOMOTORA, que sucede desde que el niño nace hasta los dos años, aproximadamente. En esta fase los niños empiezan a manipular objetos y a relacionarse con el entorno a través de las percepciones físicas y de su habilidad motora. Estos dos primeros años se basan en la repetición de conducta para su desarrollo motor, buscando en todo momento la exploración de nuevas cosas.

En esta fase, los juegos deben ser funcionales o de construcción. El juego funcional consiste en la repetición de una acción para conseguir un resultado o premio inmediato, mientras que el juego de construcción ayuda a potenciar la creatividad y el control corporal. Poco a poco, gracias a estas actividades, los niños se relacionan a través de lo que perciben. Por tanto, los juegos que utilicemos deberán estar basados en escuchar sonidos, tocar, manipular, o probar diferentes texturas, poniendo énfasis en el componente físico para el desarrollo motor.

En relación con el aprendizaje de idiomas, durante esta primera fase podemos utilizar juegos encajables, en los que los niños deben ir metiendo las distintas formas en sus espacios correspondientes. Mientras los niños intentan realizar esto, podemos irles diciendo simplemente en inglés palabras como los distintos colores de cada una de las piezas, o la forma geométrica de las mismas, de forma que ellos vayan escuchando sonidos en la lengua inglesa.

La segunda de estas etapas es la FASE PREOPERACIONAL, que tiene lugar entre los 2 y los 7 años. Durante esta etapa los niños creen que los objetos inanimados tienen los mismos sentimientos que ellos, por lo que comenzarán a tratarlos como a las personas. Es en esta etapa en la que comienza el desarrollo del juego simbólico. Los niños empiezan a representar roles o situaciones que van más allá de la realidad inmediata, como por ejemplo ponerse una capa y decir que son superhéroes, o utilizar una caja como si fuese un coche. Esto les permite explorar su creatividad además de comprender diferentes perspectivas de la realidad y desarrollar sus habilidades lingüísticas.

En esta etapa el juego aún sigue siendo independiente, ya que continúa predominando el egocentrismo; sin embargo, poco a poco se van preparando para relacionarse con otros. Durante estos años, son muy útiles los juguetes como las cocinitas, que nos pueden servir para ir introduciendo vocabulario de las comidas en la lengua inglesa; y los disfraces, gracias a los cuales los niños se sentirán como otra persona, pudiendo así iniciarse en la representación de pequeños juegos de roles en la lengua inglesa.

La tercera fase es la de las OPERACIONES CONCRETAS, que suele desarrollarse entre los 6 o 7 años y los 12. En esta fase los niños comienzan a aplicar la lógica a sus situaciones cotidianas, pero aún no saben realizar acciones para obtener una recompensa en un futuro. A partir de los 6 años, van adquiriendo un nivel de comprensión más elevado, siendo capaces de entender las relaciones de causa y efecto. Entre los 8 y 9 años ya nace su competitividad, pasan del juego individual al colectivo y se interesan por los juegos de reglas.

Aunque las reglas están presenten en el juego del niño en etapas anteriores, ya que saben por ejemplo cuándo deben esconderse en el juego del escondite, es durante esta fase cuando se desarrollan las reglas más complejas. Cuando son más pequeños juegan de forma solitaria sin tener en consideración a los demás, pero cuando son más mayores, en este estadio, se organizan en equipo para poder ganar juntos, teniendo que cumplir una serie de reglas más complicadas que cuando juegan de forma individual.

Es en esta fase, por tanto, cuando podemos empezar a presentar juegos de mesa en inglés con reglas establecidas, para desarrollar la lengua de una forma más específica.

Finalmente, la última etapa es la FASE DE LAS OPERACIONES FORMALES, que tiene lugar desde los 12 años en adelante. Esta etapa está ya más cerca de la adolescencia, y es aquí donde se construye una visión más abstracta y conceptual de su universo. Además, en este estadio ya son capaces de aplicar el razonamiento para crear analogías, es decir, relaciones de semejanza entre cosas diferentes, así como patrones de comportamiento específicos. Continúa el interés por los juegos de reglas complejas; y aunque siguen presentes el juego funcional y simbólico, estos se desarrollan con una mayor dificultad.

Por tanto, y para concluir, debemos contestar a la pregunta que nos hicimos al inicio de este apartado. Tras haber estudiado las distintas fases del desarrollo cognitivo y del juego, queda clara la importancia de acercar todo lo posible lo que se quiere aprender a la realidad del niño, de manera que este pueda hacer las relaciones necesarias para adquirirlo de forma significativa. De este modo, no será igual enseñar a un niño de 3 años el vocabulario relacionado con los animales de forma aislada, que si lo llevamos a una granja o al zoo y les repetimos en diversas ocasiones el nombre de cada animal mientras lo está viendo y está interactuando con esa realidad.

Debido a todo lo anterior, en los próximos capítulos examinaremos distintos materiales para aprender la lengua inglesa relacionándolo con situaciones de nuestra vida cotidiana que tienen lugar en las distintas estaciones del año, consiguiendo así un aprendizaje basado en las realidades de nuestros niños, y pudiendo llevarlo a cabo tanto en la escuela como en casa.

# EL INGLÉS EN INVIERNO

En este capítulo y en los posteriores, veremos cómo trabajar el inglés en casa y en el colegio teniendo como base las distintas estaciones del año. De esta forma, conseguiremos que todo lo que los niños aprendan, esté relacionado con su entorno más cercano en ese momento, puesto que en función de la estación en la que nos encontremos haremos énfasis en unos contenidos o en otros, siempre desde un enfoque comunicativo y lúdico.

Antes de comenzar con el primer apartado, el inglés en invierno, me gustaría recalcar que a lo largo de este punto y de los siguientes, iremos viendo diferentes actividades, recursos y juegos para poner en práctica con distintas edades, todos ellos relacionados con la lengua inglesa y su cultura. Algunos de ellos están divididos en niveles de dificultad para distintas edades; otros son fácilmente adaptables.

## EL CALENDARio

En primer lugar, y para iniciar a los niños en el uso del calendario, es conveniente tener en casa o en el colegio una herramienta con la que ellos puedan ver el paso de los días, de las semanas, de los meses y, con ello, de las estaciones.

En este sentido, este calendario puede resultarnos muy útil. En él, todos los días podemos pedir a los niños que nos digan en qué mes estamos, qué año, a qué estación corresponde y qué día es hoy, añadiendo cada día el número correspondiente y completando de esta forma su propio calendario.

Para mí, lo ideal de este recurso es plastificar todo y ponerlo con velcros para que sea el propio niño quien pueda poner y quitar cada día. Con respecto a los días del mes, se puede escribir con un rotulador borrable cada mes, o bien poner velcros con los días. Además, puede utilizarse en el colegio a modo de asamblea diaria de la clase de inglés, de forma que cada día sea un niño el que realice los cambios y dé toda la información a sus compañeros.

Por otro lado, y poniendo en práctica las nuevas tecnologías, también podemos crear nuestro propio calendario interactivo, o utilizar alguno de los que os muestro a continuación.

La primera opción está más enfocada a trabajarlo en el colegio, ya que uno de los apartados consiste en contar cuántos niños y niñas hay en la clase, así como cuántos niños o niñas han faltado y, por tanto, están en sus casas. Como podéis ver, este calendario va más allá de los días, meses y estaciones, siendo más adecuado para niños con una edad un poco más avanzada. Aquí también se les pregunta qué tal se encuentran; qué día es hoy, qué día fue ayer, y qué día será mañana, introduciendo así el orden de los días de la semana; en qué mes nos encontramos; qué tiempo hace; y cuál es su nombre.

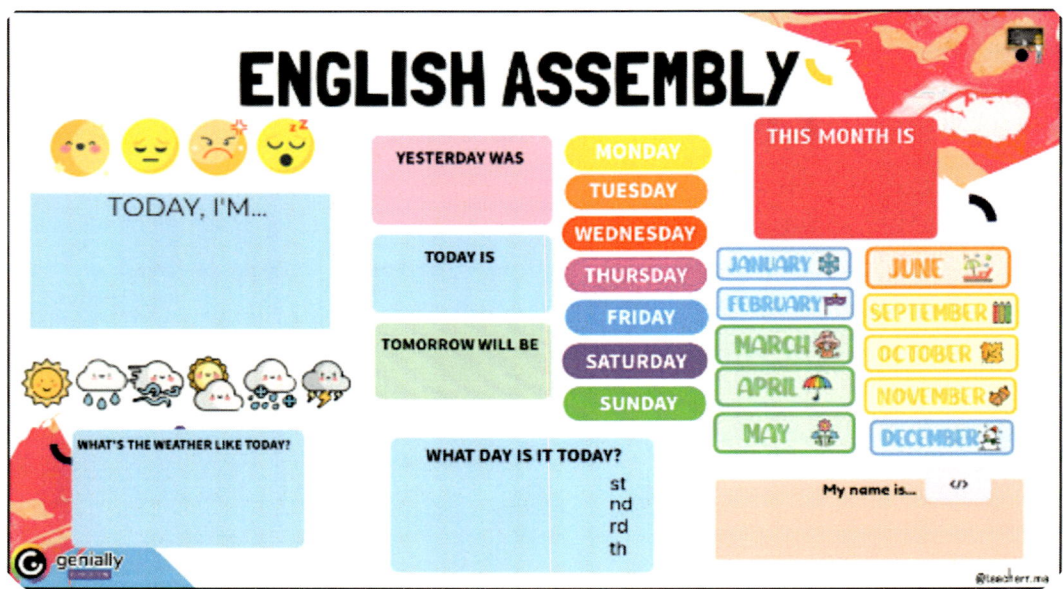

La segunda opción puede utilizarse tanto en casa como en el colegio, y la única diferencia es que se cambia el recuento de niños y niñas por el día del mes en el que nos encontramos. Además, al poderse utilizar con niños con un nivel de inglés un poco más avanzado, en el apartado donde deben poner el día del mes, también aparecen las opciones "st", "nd", "rd" y "th", para que rodeen la adecuada según el día en el que nos encontramos.

Una vez visto esto, que nos sirve para cualquier estación del año en cualquier momento, vamos a adentrarnos más a fondo en recursos para aprender inglés relacionándolo con el invierno.

# LA ROPA DE INVIERNO

Dado que en invierno una de las primeras cosas que hacemos es cambiar el armario, guardando toda la ropa fresquita y dando paso a esos jerséis, botas, abrigos y gorros, es importante que poco a poco los niños se vayan familiarizando con este vocabulario. Para ello, nada mejor que unas tarjetas para usar en multitud de ocasiones.

Se pueden emplear simplemente como tarjetas para ir diciendo el vocabulario según nos lo vamos encontrando en casa, o en el colegio, o bien imprimiéndolas dos veces para jugar al famoso juego de encontrar las parejas. Una última opción es recortar las palabras, separándolas así de sus dibujos, de manera que el objetivo sea encontrar la tarjeta que corresponde al dibujo. Para niños más pequeños que aún no manejen la lectura, esto se puede hacer con ayuda de un adulto: el adulto leería la palabra en alto, y el niño debería buscar el dibujo correspondiente, juntando ambas partes.

Además de las tarjetas a color, se incluyen también las mismas en blanco y negro, de forma que puedan ser los niños mismos quienes las pintan, haciéndolas así más personales e individualizadas.

Una vez que vamos familiarizándonos con el vocabulario de esta estación, es el momento de utilizarlo de forma diaria para adquirirlo de una manera más significativa. Y para ello, nada mejor que utilizar distintos juegos que pueden servir tanto para casa como para el colegio trabajándolos en estaciones de aprendizaje.

A continuación, se muestran dos juegos que pueden usarse para este fin. El primero de ellos es un bingo del invierno.

En él, se irán diciendo distintas palabras sobre el vocabulario según se saque la tarjeta correspondiente. Cuando la palabra aparezca en nuestro cartón, deberemos tacharla. Aquel niño que tache primero todas sus palabras será el ganador. Podemos realizarlo de varias maneras en función del nivel de nuestros alumnos o niños: lo más sencillo es irles enseñando la tarjeta al mismo tiempo que decimos la palabra del bingo, de forma que asocien el dibujo que se les está enseñando con el mismo dibujo en sus tarjetas, si aparece. La forma más avanzada es diciendo simplemente la palabra, sin necesidad de enseñar la tarjeta, de forma que sean los niños quienes asocien la palabra hablada al dibujo que aparece.

El segundo de los juegos, que podemos realizar, es un juego de mímica. Un niño elegirá una tarjeta de las mostradas anteriormente y deberá realizarla con mímica, mientras los demás tratan de adivinarlo. Así, pueden intentar imitar un muñeco de nieve, que llevan puestos una bufanda, o que se están tirando con un trineo.

Con estas propuestas practicamos el vocabulario típico del invierno, pero ¿y las celebraciones? Sí, en este caso me refiero a Navidad, la mayor celebración que tenemos durante el invierno. Aunque nosotros lo celebramos a nuestra manera, desde el aprendizaje de una lengua extranjera es importante conocer las costumbres típicas de dicho país en cuanto a esta y otras festividades. Como ya se ha dicho anteriormente, el conocimiento de la cultura de otros países es clave para el aprendizaje de la lengua.

# DÍA DE ACCIÓN DE GRACIAS

Antes de adentrarnos de lleno en la Navidad y todo lo que implica, debemos destacar el Día de Acción de Gracias, o *Thanksgiving Day*. Es una festividad que tiene lugar el cuarto jueves de noviembre y es considerada como una de las más importantes para los habitantes de Estados Unidos.

Esta tradición se originó en 1621, año en el que los colonos ingleses y los nativos celebraron por primera vez el éxito de su cosecha. Sin embargo, actualmente es un día en el que familiares y amigos se reúnen para dar gracias al alimento, a su libertad y a su buena suerte.

Para iniciar esta festividad con los niños, podemos comenzar dándoles a conocer su historia, recalcando así la importancia de compartir, de celebrar nuestros éxitos y de ser siempre agradecidos. Además, podemos hacer hincapié en el vocabulario específico de este día, recalcando especialmente qué es *turkey*, es decir, el pavo que la mayor parte de las familias cocinan para este día junto a toda su familia.

También es importante señalar que en este día la gente suele dar gracias por lo que tiene, y esto lo podemos practicar tanto en casa como en el colegio. A continuación, se muestran distintas actividades en función de la edad de los niños para trabajar este día.

Los más pequeños pueden simplemente colorear los dibujos, mientras les enseñamos el vocabulario relacionado, entre ellos, *turkey, family, thankful, grateful, lunch*; mientras que aquellos un poquito más mayores pueden ya dibujar aquellas cosas por las que están agradecidos, explicándolo con la frase *I am grateful for...,* o incluso pueden crear su propia manualidad del pavo haciendo lo mismo que en la actividad anterior. Por último, los más mayores ya pueden crear su propio poema acróstico, en el que deberán pensar frases cortas que comiencen por cada una de las letras que forman la palabra *THANKFUL*. De esta forma explicarán por qué están agradecidos.

Además de celebrar y recordar esta festividad, podemos asociarlo con las grandes comidas que tienen lugar en ocasiones especiales en nuestro país, como puede ser la celebración del cumpleaños de un familiar o festividades importantes de nuestra cultura.

De esta forma, podemos trabajar con el cuento de *Pete's Big Lunch*, de la colección de Pete the Cat. En este libro, Pete quiere preparar el bocadillo más grande, por lo que va añadiendo distintos ingredientes cada vez más diversos. Finalmente, comparte el bocadillo con todos sus amigos porque era demasiado grande para él solo.

Ayudándonos de las tarjetas de todos los ingredientes que van apareciendo en el cuento, podemos introducir este concepto de comida compartida, explicando que no únicamente se celebra en países de habla inglesa, sino que nosotros también nos juntamos para comer o cenar y celebrar ocasiones especiales.

Finalmente, podemos llevar a cabo un juego interactivo, que consiste en un juego de memoria para encontrar las parejas de los ingredientes que aparecen en el libro, así como una ruleta con todos ellos, y alguno más para ampliar vocabulario. De esta forma podemos trabajar la estructura *"Do you like...?"* preguntando por el ingrediente que nos haya tocado en la ruleta.

# VIERNES NEGRO

Justo después del Día de Acción de Gracias se celebra el Viernes Negro, fecha en la que se inaugura la época de compras navideñas en Estados Unidos y, cada vez, en más lugares. A partir de este momento se comienza a dar la bienvenida a esta festividad.

Desde el área de inglés, también podemos nutrirnos de este día gracias al trabajo del dinero y de las estructuras básicas para iniciar una conversación, preguntar cuánto cuesta algo, o dar las gracias. De la misma forma, podemos trabajar los cálculos matemáticos mediante la devolución del dinero al pagar. Para esto, podemos utilizar juguetes de comidas o de diferentes objetos para que el niño sea quien venda o compre algo. Si son más mayores, podemos utilizar folletos de supermercados, tiendas de juguetes, etc.

# NAVIDAD

Y ahora sí, nos adentramos en la Navidad, la celebración del invierno por excelencia en la mayor parte de los países. En Reino Unido, este periodo comienza con el Adviento, que tiene lugar cuatro domingos antes del día de Navidad. Durante estos días se suelen tener calendarios de Adviento o *Advent calendar,* que en general consisten en 24 ventanas o solapas, una por cada día, que los niños van abriendo y tras las cuales suele haber un regalo, una foto, o una chocolatina.

Para asentarnos en esta tradición, una opción es diseñar nuestro propio calendario de Adviento y tenerlo en casa o en el colegio, de manera que cada día abramos una de las cajas y resolvamos la tarea o reto que se encuentra en ella. Para esto tenemos dos opciones: podemos hacer nuestro calendario manual, de manera muy sencilla, o podemos hacerlo de forma interactiva.

A continuación, se muestra una idea fácil y rápida para nuestro calendario interactivo, así como algunas de las sorpresas o retos que podemos encontrar en su interior. En función de la edad podremos hacer actividades que vayan desde simplemente pintar algo relacionado con el inicio de la Navidad, introduciendo el vocabulario en inglés, hasta la redacción de pequeños textos. El calendario que se proporciona a continuación es totalmente editable, por lo que se pueden modificar cada una de las pruebas para adaptarlas a la edad o nivel de cada niño. En este ejemplo, podemos encontrar pruebas como cocinar un dulce de Navidad, decorar las ventanas de casa o poner el árbol de Navidad. Sin embargo, si el calendario de Adviento se utiliza en la clase, podemos modificarlo con algunas tareas para realizar, como puede ser pintar un dibujo en el que salga toda la familia celebrando la Navidad, unir palabras en inglés sobre las partes de un muñeco de nieve, o hacer alguna manualidad para decorar el aula.

# ADVENT CALENDAR

| | | | | | | |
|---|---|---|---|---|---|---|
| 1 | 2 | 3 | 4 | 5 | 6 | 7 | 8 |
| 9 | 10 | 11 | 12 | 13 | 14 | 15 | 16 |
| 17 | 18 | 19 | 20 | 21 | 22 | 23 | |

**15** Write a letter to Santa.

**1** Draw a Christmas tree and decorate it.

**8** Decorate the windows with paper snowflakes. Be creative!

Una vez finaliza el calendario de Adviento, llega nuestra fiesta más esperada: Navidad o *Christmas.* A todos los niños les encanta la Navidad, y qué mejor idea que aprovechar esta ilusión y motivación para promover el aprendizaje de la lengua inglesa.

Lo primero que podemos hacer es decorar nuestro árbol de Navidad. Para ello, sobre todo con los más pequeños, podemos hacerlo en un dibujo para, después, ver cómo queda en la realidad.

En nuestro árbol no pueden faltar ciertos elementos propios del mismo, por lo que preguntaremos a los niños dónde están, practicando de esta forma ese vocabulario. Para facilitar este proceso, se muestran unas tarjetas con la estructura para preguntar. Si esos objetos no aparecen en nuestro árbol, siempre podemos intentar hacerlos en casa durante los días de Navidad y así, cuando nos den las vacaciones en el colegio, tendremos todas las decoraciones listas.

Finalmente, para terminar con esta celebración, podemos organizar nuestra propia fiesta de fin de año tanto en casa como en el colegio, utilizando decoraciones que tengamos por casa y haciendo a los niños partícipes de ello, tratando de hablar en inglés con el vocabulario ya conocido. Además, podemos tomar las doce uvas junto a toda la clase, contando de esta forma del 1 al 12. ¡Es una idea que encantará a todos!

# CARNAVAL

Cambiando de festividad, y aunque la Navidad sea por excelencia la fiesta típica del invierno, en esta estación también contamos con carnaval, o *Carnival*. Aprovechando que ya hemos conocido algunas prendas de vestir propias del invierno, podemos adentrarnos en el vocabulario de carnaval, describiendo lo que llevamos puesto para crear nuestro disfraz.

Esto lo podemos hacer de varias formas. Una muy sencilla es a través de las siguientes tarjetas, en las que van apareciendo distintos personajes con disfraces típicos de carnaval. Un niño cogerá una tarjeta y tendrá que describirla, de forma que los demás adivinen el personaje del que se trata.

Si queremos hacerlo de una forma más sencilla, podemos utilizar las tarjetas de descripción. Así, en lugar de describir al personaje libremente, solamente tendrá que leer la tarjeta para que, entre los demás, piensen a cuál de las tarjetas hace referencia.

Finalmente, los propios niños pueden crear su personaje de carnaval. Si son aún pequeños, simplemente les pediremos que dibujen su personaje con distintos elementos y, posteriormente, les pediremos si son capaces de nombrar alguna cosa de las que lleva puestas, o solamente los colores que han utilizado para pintarlo. Con niños más mayores, podemos pedirles de forma oral que nos expliquen todo lo que llevan, o incluso pueden hacerlo de manera escrita.

Después de festejar con intensidad todas las celebraciones propias del invierno, damos paso a la siguiente estación del año, no menos importante: la primavera.

COWBOY

He usually rides a horse. He is wearing a brown hat and he takes care of the animals.

@teacherr.ma

FIREFIGHTHER

She helps people when they are in danger. She is wearing red clothes and a helmet.

@teacherr.ma

SUPERMAN

He is a superhero. He is wearing a red cape. He can fly.

@teacherr.ma

# EL INGLÉS EN PRIMAVERA

Tras el invierno, llega la primavera. Y la primera celebración que encontramos, aunque pertenece al invierno debido a la fecha en la que se celebra, suele relacionarse más con la primavera, ya que tiene lugar muy pocos días antes. Sí, hablamos de *Saint Patrick's Day,* el día de San Patricio.

# DÍA DE SAN PATRICIO

En primer lugar, es importante conocer la historia de San Patricio, o St. Patrick, para poder trabajar esta festividad. Patrick nació en Gran Bretaña y, cuando tenía 17 años, un grupo de piratas le capturaron y le vendieron como esclavo en Irlanda, donde vivió varios años como pastor. Un día, escuchó una voz que le dijo que saliera corriendo, así que hizo caso y escapó. Así, llegó a Francia, donde se convirtió en un sacerdote. Tras varios años, ya en su vejez volvió a Irlanda. Allí, se encargaba de explicar a la gente su fe, llevando siempre consigo un trébol de tres hojas, el cual utilizaba para explicar toda su creencia en Dios. Cuando Patrick murió, la gente de Irlanda decidió recordarle siempre rememorándole en ese día cada año.

Otro dato importante sobre esta festividad es que se viste de verde, ya que se considera el color de la primavera. Además, en este día se considera que si alguien encuentra un trébol de cuatro hojas tendrá muy buena suerte.

Una vez sabemos esto, para esta festividad podemos empezar presentando las diferentes tarjetas con el vocabulario y, después, lo practicaremos jugando al juego de encontrar las parejas, buscando tanto la imagen con imagen, palabra con palabra, o imagen con palabra.

Por último, como se ha comentado previamente, el día de St. Patrick se utiliza también para decir por qué tenemos suerte. Así, podemos utilizar este trébol para explicar brevemente por qué creemos que nos sentimos afortunados, haciendo la actividad previamente de manera oral para dar diferentes opciones.

En aquellos cursos o con aquellos niños de menor edad, podemos adaptarlo para que simplemente tengan que pintar el dibujo, leyendo o diciendo las frases que aparecen y por las que se sienten afortunados.

Para cerrar esta celebración, podemos mostrar los desfiles que se hacen y en el colegio realizar un desfile todos juntos en el que salgamos disfrazados con algo relacionado con Saint Patrick como, por ejemplo, de duende, de trébol, o de monedas que han salido dentro de un gran caldero.

# DÍA DE PASCUA

Después de Saint Patrick, y como última festividad de la primavera, tenemos *Easter,* es decir, el Día de Pascua.

En los países de habla inglesa, la Pascua es una fiesta que se suele celebrar en familia. Todos los miembros se reúnen, comparten comidas especiales, acuden a eventos religiosos y participan activamente en distintas actividades, especialmente en la búsqueda de huevos de Pascua.

Debido a esto, una de las cosas que podemos realizar en esta época es pintar nuestros *Easter Eggs,* huevos de Pascua y, después, realizar una búsqueda del tesoro.

Para pintar nuestros huevos tenéis distintos diseños que los más pequeños pueden colorear, o bien trabajar con un diseño en blanco para decorarlo a su gusto. Después, podemos trasladarlo a la realidad, decorando los huevos que más tarde esconderemos.

Después de esto, haremos nuestra *Easter Egg Hunt.* ¿Cómo? Tenemos varias opciones. La primera de ellas es simplemente escondiendo los huevos en el patio de nuestra casa, o en el colegio, y dejando que los niños los busquen hasta dar con ellos. Es muy importante también que todos ellos vayan con su cesta para guardar todos los huevos que encuentren.

La segunda opción, un poco más elaborada, consiste en ir poniendo pruebas que, cuando las consigan, les guiarán hacia la ubicación del siguiente huevo. Así, quien sea más rápido podrá encontrar primero los huevos. Además, para hacerlo más divertido, el último huevo puede ser un huevo de chocolate para terminar el juego de la mejor forma. ¡Será muy emocionante!

Aquí se muestran pistas y ejemplos de *Easter Egg Hunt* tanto para el colegio como para casa.

# EASTER EGG HUNT FOR HOME

**1**

I am in the place where you sleep at night.

@teacherr.ma

**2**

Learn the following tongue twister to get the next egg:

I scream, you scream, we all scream for ice cream.

@teacherr.ma

**3**

Look for in the place where you prepare your breakfast.

@teacherr.ma

# EASTER EGG HUNT FOR SCHOOL

**4**

Your classroom is magical and full of Easter eggs. Look for the fourth there!

@teacherr.ma

**5**

Hop like an Easter rabbit and go to playground to find your next Easter egg.

@teacherr.ma

**6**

The last egg is the yummiest!

Look for it inside the school.

@teacherr.ma

# DÍA DE LA PRIMAVERA

Finalmente, muchos países de habla inglesa celebran *Spring Day,* es decir, el día de la llegada de la primavera. Es un evento que tiene lugar sobre todo en Reino Unido, y suele ser el día 20 o 21 de marzo, con la llegada de esta estación. No se realiza nada en especial, sino que simplemente se llevan a cabo actividades al aire libre como festivales, conciertos, o mercados.

Hay que recordar que en primavera podemos encontrar tanto días soleados como días lluviosos, pero con mejor temperatura y sin tanto frío, por lo que podremos realizar un pequeño cambio de armario y guardar las bufandas y los guantes en casa, sacando los chubasqueros y chaquetas menos abrigadas.

Además, como el tiempo varía tanto a lo largo de esta estación, podemos tener un pequeño cartel en el que vayamos anotando la temperatura cada uno de los días. Si, además, pegamos una imagen de nuestro niño o niña al lado con un velcro, podrá pegar su fotografía donde corresponda según el tiempo que haga ese día. De esta forma todos los días preguntaremos: *"How's the weather today?"* para ver cómo va variando a lo largo de esta estación.

Por otro lado, con este día podemos aprovechar para introducir vocabulario básico de la primavera que se trabajará durante toda la estación, realizando diversas actividades en casa y por la calle o bien en el colegio.

En primer lugar, con respecto al vocabulario, se muestran estas tarjetas a las que le podemos dar distintos usos. Podemos esconderlas por la clase o por casa para que los niños tengan que buscarlas siguiendo ciertas pistas; podemos realizar acciones con mímica para adivinarlo, podemos encontrar por alrededor de casa o del colegio las imágenes que aparecen en las tarjetas para asociarlas, o bien podemos hacer un juego de memoria encontrando parejas. Con todo esto, iremos afianzando el vocabulario de esta estación.

Además, dado que en este día se realizan distintas actividades en familia, podemos también programar alguna salida a un sitio cercano al aire libre, como puede ser un zoo, un parque o al campo. De esta forma trabajaremos todo el vocabulario y estructuras que nos interesen en dicho lugar, habiéndonos familiarizado con ello previamente. Para conocer un poco más el vocabulario sobre los animales, muy útil en esta estación, tenemos distintos recursos.

Para esto, contamos con estas tarjetas sobre animales con las que podemos trabajar de distintas formas.

La primera de ellas es barajando todas las cartas y repartiendo solo una a cada jugador que participa, boca abajo. Con el resto, formaremos una torre en el centro de la mesa. El objetivo de este juego es ser el jugador que consiga más cartas de la torre al terminar. Para ello, todos los jugadores, al mismo tiempo, pondrán una carta boca arriba. En este momento debemos ser el más rápido en encontrar el símbolo que se repite en todas las cartas de los jugadores y en la de la torre central. El primero que diga el dibujo repetido en voz alta, en inglés, cogerá la carta de la torre y la pondrá sobre su carta. Al hacer esto, una nueva carta quedará en la torre. Continuaremos de la misma forma hasta que se agoten todas las cartas de la torre. El ganador será el jugador que más cartas tenga al terminar.

La siguiente forma para jugar consiste en repartir todas las cartas entre todos los jugadores, dejando la última boca arriba en el centro de la mesa. Cada jugador formará una torre con todas sus cartas que mantendrá boca abajo. El objetivo del juego consiste en ser el más rápido en deshacerse de todas las cartas, sin ser el último. Todos los jugadores deben poner la primera carta de su torre boca arriba al mismo tiempo. En el momento en el que veamos el símbolo que se repite en todas las cartas, diremos su nombre y pondremos nuestra carta encima de esa carta del centro, de forma que nos vayamos quedando cada vez con menos cartas. En este juego ganará el jugador que antes se quede sin cartas.

Para aquellos niños con un mayor nivel de lenguaje, podemos realizar también el siguiente juego para practicar algunas estructuras gramaticales.

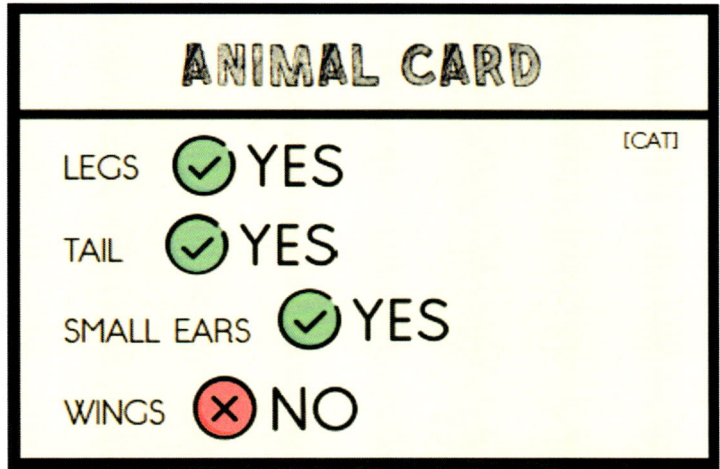

Con esta actividad trabajaremos la estructura *"Has it got...?"* así como *"It has got / It hasn't got"*. Con una tarjeta como la de la imagen, el alumno irá explicando las cosas que tiene o no tiene ese ani-mal, de manera que el resto tenga que adivinar de cuál se trata. Así, con respecto al gato, tendrá que decir que tiene orejas pequeñas pero que no tiene alas, por ejemplo, así sería *"It has got small ears. It hasn't got wings"*. En función del nivel del alumno, podremos también sugerir que hagan otras frases aunque no aparezcan en la tarjeta, o incluso animaremos al resto a hacer preguntas como *"Has it got whiskers?"*.

Ahora sí, tras la primavera damos paso al verano, siendo la estación preferida por la mayor parte de los niños gracias a las vacaciones.

# EL INGLÉS
# EN VERANO

Sí, como ya hemos dicho el verano es la estación preferida de casi todos los niños: con su llegada viene el final del colegio y, por tanto, el inicio de las tan deseadas vacaciones.

Vacaciones implica descanso, por lo que se nos hace más complicado practicar otro idioma durante estos días. ¿Cómo podemos seguir trabajando la lengua inglesa durante todo este periodo?

Nada es imposible, así que con un poco de ingenio podemos llevar a cabo distintas actividades con las que nuestros niños continuarán practicando inglés sin darse cuenta.

En primer lugar, es importante conocer el vocabulario relativo al verano, y nada mejor que hacerlo preguntando a los alumnos sus gustos y preferencias. Gracias a estas tarjetas con actividades relacionadas con esta estación podremos hacer preguntas con *"Do you like...?"*, que ellos tendrán que ir contestando, repitiendo la palabra de vocabulario: *Yes, I like...* Después, podremos ayudarles a escribir su propio texto con lo que les gusta y los que no.

Los más pequeños simplemente nos contestarán *Yes/No* en lugar de hacer frases largas, pero debemos asegurarnos de que poco a poco van adquiriendo esta estructura y el vocabulario. Tras esto, podemos realizar alguna de las actividades que hemos planteado en las tarjetas y que sean posibles dentro de nuestra ciudad.

Otra actividad para trabajar en verano es la fonética, ya que durante estos días los niños no hablarán inglés tan frecuentemente y puede que olviden algunas palabras y pronunciaciones. Con esta ficha podemos recordar el vocabulario de verano, de forma que lo coloreen. Además, tendrán que rodear el sonido por el que comienza dicho dibujo.

Para aquellos niños más pequeños, podemos hacer estos puzles. Primero debemos imprimirlo, recortarlo y repasar cada una de las partes. Así, tendrán que juntar la imagen para que aparezca completa mientras van juntando las letras de abajo formando la palabra que corresponde al dibujo.

# Beginning sounds

Colour the circle with the beginning sound for each picture. Then, colour the pictures.

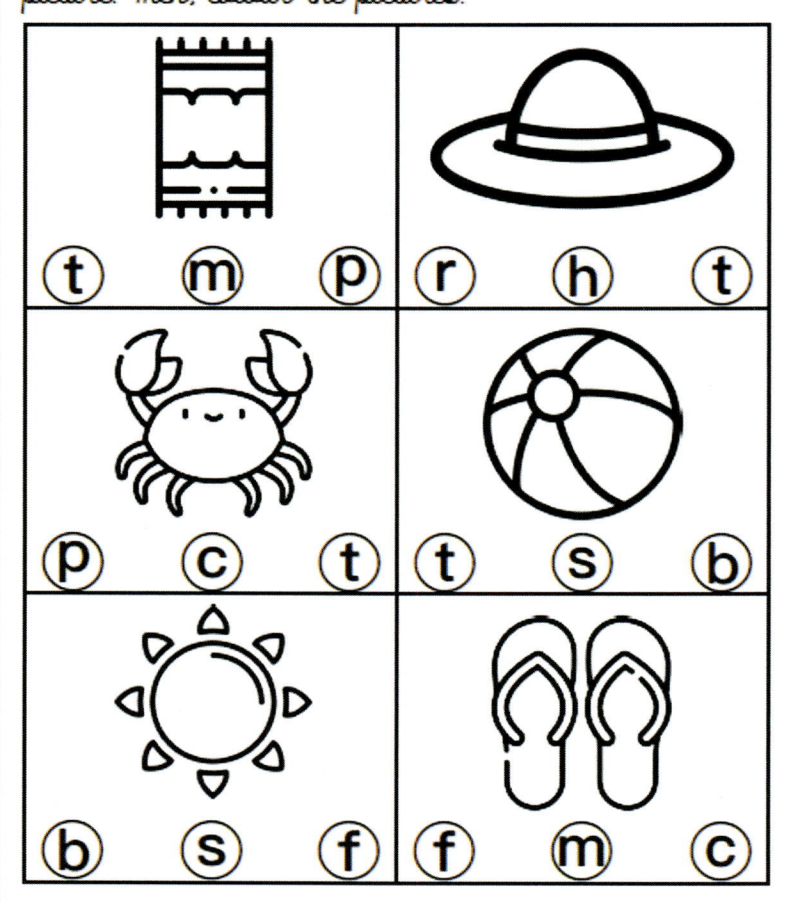

| | | | | | |
|---|---|---|---|---|---|
| t | m | p | r | h | t |
| p | c | t | t | s | b |
| b | s | f | f | m | c |

Al contrario que en otras estaciones del año, en verano no hay ninguna celebración importante que celebrar. Sin embargo, al igual que hay una fiesta de la primavera también se celebra la fiesta del verano, especialmente, en Londres.

Sin embargo, este es un momento que la gente suele aprovechar para irse de viaje a otras ciudades y países, no siendo celebrado como el inicio de la primavera.

En cambio, en Notting Hill sí se lleva a cabo una pequeña celebración en el mes de agosto, es el Carnaval de Notting Hill. Sí, un carnaval en agosto es extraño, pero tiene su historia.

# EL CARNAVAL DE NOTTING HILL

El carnaval de Notting Hill se celebra durante el último domingo y lunes de agosto en Londres, siendo uno de los mayores festivales de Europa. Su historia comenzó en los años de la postguerra cuando, debido a la escasez de mano de obra al final de la Segunda Guerra Mundial, una gran corriente de inmigración procedente de Pakistán, la India y el Caribe, entre otros, llegó a Reino Unido en busca de una mejor calidad de vida.

Estos inmigrantes no gozaron de una cálida bienvenida, siendo recibidos con frialdad. Debido a esto se fueron asentando en Notting Hill, una zona de Londres en la que, en aquellos años, reinaba la pobreza, y en la que se podían encontrar hogares sin electricidad ni agua caliente.

Años después, diferentes activistas intentaron aliviar las tensiones entre los inmigrantes que habían llegado y los londinenses. Una de las ideas para mezclar ambas culturas fue celebrar un carnaval del Caribe en el que poder exponer su arte y cultura, con la idea de llenar las calles de gente feliz y no de abusos y peleas. Así, surgió el primer carnaval de Notting Hill, haciendo referencia a la diversidad cultural y celebrándose a partir de entonces cada año.

Actualmente, Notting Hill no se considera como se consideraba antiguamente, y ahora goza del prestigio de ser una de las zonas más exclusivas de Londres.

Tras explicar esto a los niños, podemos aprovechar esta celebración para organizar nuestra fiesta de carnaval en verano. Para ello, será necesario que hagamos las invitaciones para informar al resto de personas, explicándoles a qué hora tendrá lugar, cómo hay que ir disfrazados, y dónde será. A continuación, se muestra un ejemplo de invitación.

Sin embargo, una invitación no lo es todo para tener la fiesta organizada. Nuestra fiesta de carnaval también necesitará bebida, comida, y distintos elementos decorativos, por lo que es el momento perfecto para recordar todo lo que sabemos en inglés, y preparar nuestra lista de la compra. Después, tendremos que ir al supermercado a comprar lo necesario.

Una vez que tenemos todo, solo necesitamos cocinarlo. Este es un buen momento para volver a recordar todos los nombres de comidas que conocemos en inglés y, mientras vamos cocinando, ir hablando de las acciones que realizamos.

Shopping list

☐ _____
☐ _____
☐ _____
☐ _____
☐ _____
☐ _____
☐ _____
☐ _____
☐ _____
☐ _____
☐ _____
☐ _____
☐ _____
☐ _____
☐ _____
☐ _____

# LET'S COOK!

| | | | |
|---|---|---|---|
| FORK | KNIFE | SPOON | BAKE |
| BOIL | FRY | MIX | TASTE |
| FRIDGE | TOASTER | POT | PAN |
| SINK | APRON | GLASS | MICROWAVE |

Además, especialmente aquellos con un mayor nivel lingüístico pueden, con ayuda, realizar la receta de manera escrita para posteriormente compartirla con los invitados.

Una vez tenemos todo preparado, no podemos olvidarnos de disfrazar-
nos y de pasarlo genial con nuestros invitados.

Así, con todas estas actividades, podemos pasar un verano fantástico
sin olvidarnos de practicar el inglés.

# FINALMENTE, DAMOS PASO AL OTOÑO.

# EL INGLÉS
# EN OTOÑO

L a última estación que vemos es el otoño y, por supuesto, tiene una festividad clara que todo el mundo conoce: Halloween. Pero, ¿todos sabemos de dónde viene esta festividad?

**HALLOWEEN**

Halloween comenzó con los Celtas, que vivieron en Irlanda. Ellos celebraban el año nuevo el día 1 de noviembre, ya que era cuando terminaba el verano, dando lugar al inicio del frío invierno. Los Celtas tenían distintas creencias, entre ellas pensaban que, la noche del 31 de octubre al 1 de noviembre, la separación entre el mundo de los vivos y el mundo de los muertos dejaba de existir, y los fantasmas del pasado acudían en busca de las personas del presente. Debido a esto, celebraban el Festival de Samhain durante la noche del 31 de octubre, momento en el que encendían hogueras para espantar a estos fantasmas.

¿Y qué pasa con las famosas calabazas? ¿De dónde vienen? Tradicionalmente, los Celtas ofrecían a los dioses nabos o patatas, que tenían la función de iluminar el camino a casa para los buenos espíritus. Sin embargo, los inmigrantes que llegaban a América descubrieron las calabazas, las cuales iluminaban por dentro para cumplir esta función.

Una vez que conocemos la historia, podemos comenzar a trabajar con el vocabulario específico de Halloween. Una buena forma de trabajar esta festividad es a través de cuentos, en los cuales contaremos con tarjetas que nos ayudarán a entenderlos mejor.

En primer lugar, tenemos el cuento de *Ten Timid Ghosts*, especialmente para los cursos inferiores o aquellos niños de menor edad, ya que repasa los números y el vocabulario más básico, teniendo una estructura bastante repetitiva que los niños pueden incluso aprender.

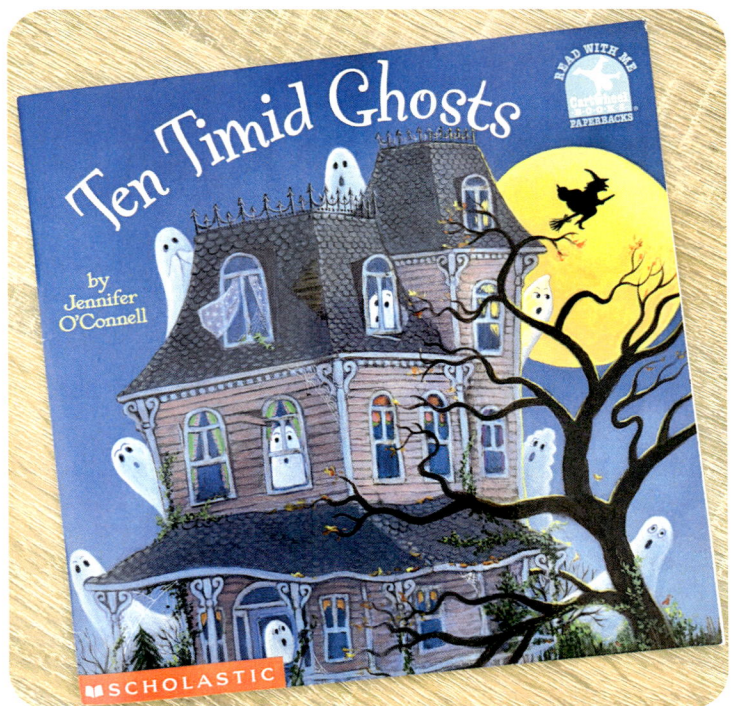

Este cuento va contando tímidos fantasmas desde 10 hasta 1. Estos fantasmas están en una casa encantada y cada vez que uno de ellos ve algún personaje relacionado con Halloween, se asusta, y se va corriendo de la casa. Finalmente, se descubre quién era quien estaba echando a todos los personajes. Así, se irán sucediendo los distintos personajes de Halloween.

Mientras contamos este cuento, podemos apoyarnos en distintas tarjetas que acerquen a los niños al vocabulario trabajado, de manera que puedan conocer todos los personajes que van apareciendo a lo largo del cuento y mostrándolas en función del orden en el que van saliendo en la historia.

Después, una vez que hemos comprobado que todos los niños han comprendido el cuento, podemos realizar distintas actividades con las tarjetas, como puede ser encontrar la tarjeta con la palabra que alguien dice, jugar a juegos de memoria, o colocar en orden los personajes según van apareciendo en la historia, con ayuda del resto de compañeros. Como se puede ver, las tarjetas se presentan tanto con la palabra escrita como sin ella, pudiendo elegir en función de lo que queramos trabajar en ese momento.

Finalmente, se muestra este quiz interactivo en el que podremos comprobar si todos los niños han comprendido el cuento. En él, se realizan distintas preguntas sobre qué se encontró el primer fantasma que salió huyendo, qué vio el segundo y así sucesivamente hasta terminar el cuento. Gracias a esto, podemos repasar cada uno de los personajes del vocabulario, así como reforzar la historia ya contada.

Para terminar con este cuento y con el vocabulario, especialmente con aquellos niños de más edad o mayor nivel de inglés, podemos jugar a adivinar las palabras y dibujos mediante pequeñas explicaciones. Un niño cogerá una tarjeta sobre el vocabulario visto sobre el cuento, e intentará describírsela al resto de compañeros, de manera que ellos adivinen de qué se trata.

Para aquellos ni-
ños con un mayor
nivel del lenguaje,
podemos darles
algunas palabras
prohibidas que no
pueden decir en
su explicación, de
forma que tengan
que intentar buscar
sinónimos o pala-
bras similares, así
como las estruc-
turas adecuadas
para poder explicar
la imagen al resto
de compañeros.

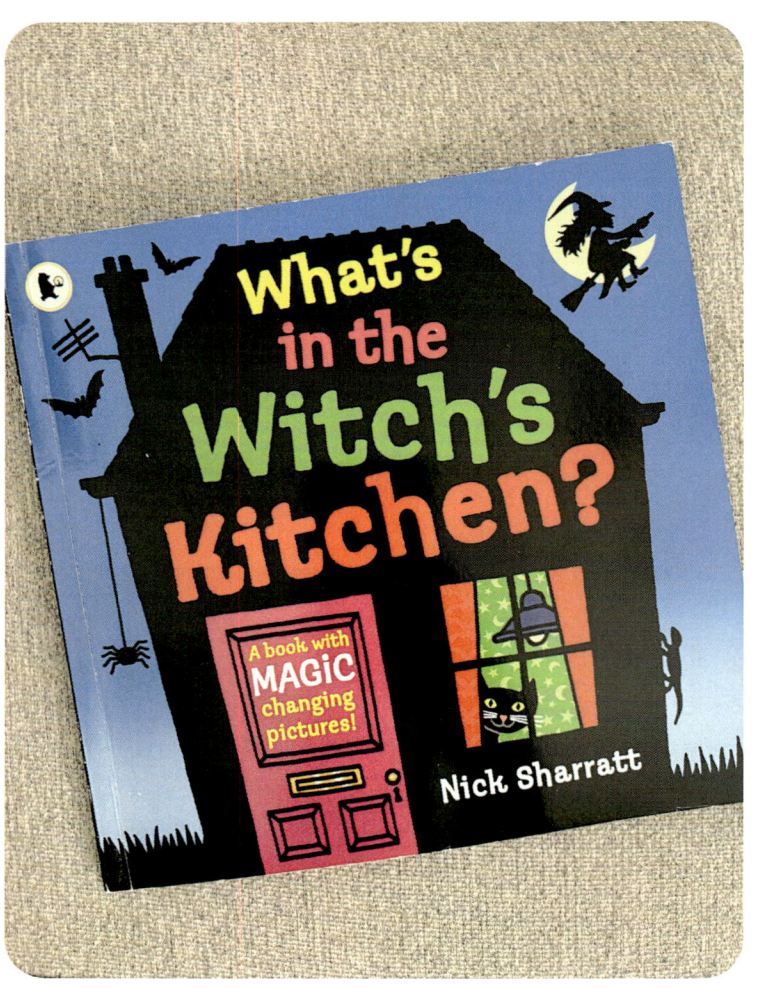

El segundo de los libros para trabajar en Halloween es *What's in the witch's kitchen,* un cuento que nos va explicando todo lo que podemos encontrar en la cocina de una bruja. Algunas de las cosas que vemos son realmente deliciosas, mientras que otras no lo son tanto. Gracias a las solapas que tiene el libro, podemos crear una gran expectación en los niños, ya que podemos intentar que adivinen qué puede haber detrás de cada objeto, o si lo que vamos a encontrar primero es algo bueno o malo.

Una vez hemos leído y comprendido todas las cosas buenas y malas que podemos encontrar en la cocina de la bruja, es hora de seguir in-dagando en aquellos luga-res que no han aparecido en el libro. ¿Qué puede ha-ber detrás de cada objeto de la cocina de la bruja? Los más pequeños simple-mente podrán dibujarlo, mientras que aquellos con un mayor nivel pueden di-bujarlo y después explicar lo que se encontrarán de-trás de ese objeto.

Para finalizar con la ce-lebración de Halloween, especialmente en el co-legio, se puede realizar un concurso de calabazas, de

castillos encantados o de varitas mágicas, de forma que todo el alumnado diseñe su propia calabaza, castillo o varita con materiales que
tengan en casa o con todo aquello que quieran comprar. Esto ayudará
a ambientar y decorar el colegio con esta celebración y, finalmente,
aquel niño o niña cuya calabaza, castillo o varita sea mejor, obtendrá
un pequeño premio por su esfuerzo y trabajo.

Para aquellos alumnos más pequeños, simplemente pueden realizar el
concurso dibujando, de forma que cada uno diseñará su calabaza a
partir de un folio con el dibujo en blanco. El más creativo y mejor dise-
ñado será el ganador.

# PARA FINALIZAR

Todas las propuestas que han surgido a lo largo de este libro tienen el único fin de acercar un poco más la cultura anglosajona a los niños, haciéndoles partícipes de ella y favoreciendo así el aprendizaje de la lengua inglesa.

Las diferentes actividades que se han explicado pueden ser fácilmente adaptables en función de la edad o el nivel de cada niño o niña; además, pueden perfectamente realizarse de manera más grupal o individual si se llevan a cabo en un colegio, gozando de flexibilidad en función el contexto en el que nos encontremos.

Espero que todo lo explicado, tanto teórico como práctico, pueda servir y ser utilizado por una gran cantidad de docentes y familias para enriquecer el aprendizaje de grandes y pequeños.

Todos los recursos mostrados a lo largo de las ilustraciones del libro, así como todo lo explicado, puede ser encontrado en el código QR que aparece a continuación para facilitar así su descarga.

# BIBLIOGRAFÍA

KRASHEN, S. D. (1981). *Second Language Acquisition and Second Language Learning.* Pergamon Press.

PIAGET, J. (1973). *La representación del mundo en el niño.* Madrid: Ediciones Morata.

CHOMSKY, N. (1968). *Language and Mind.* New York: Haarcourd Bracee and World

JOHNSON, D.W. (1999). *El Aprendizaje Cooperativo en el Aula.* Barcelona: Paidós Equipo Pedagógico de Campuseducacion.com (2019). *Teorías y Tipos de Aprendizaje* [Mensaje en un blog]. Blog de Campuseducacion. com. Recuperado de https://www.campuseducacion.com/blog/recursos/articulos-campuseducacion/teorias-y-tipos-de-aprendizaje/

MATUTE, M. D., (2015). *Los enfoques educativos en cuanto a la enseñanza-aprendizaje.* [Mensaje en un blog]. Recuperado de https://enfoquesymodeloseducativos.wordpress.com